DE LYON AU DANUBE

Tiré à 125 Exemplaires

Auguste BLETON

DE LYON

AU DANUBE

NOTES ET IMPRESSIONS

LYON

A. STORCK & Cⁱᵉ IMPRIMEURS-ÉDITEURS

8, Rue de la Méditerranée, 8

1906

DE LYON AU DANUBE

Jeudi 8 septembre 1904.

Trente kilomètres à l'heure, c'est le maximum de vitesse que les chemins de fer suisses et autrichiens accordent au voyageur qui se rend de Lyon à Vienne : soit un total de trente-six heures pour accomplir un trajet de douze cents kilomètres, un peu plus que de Paris à Nice.

Aussi est-on tenté de procéder par étapes : Zurich, Innsbrück ou Salzbourg, Vienne. Le premier jour, traversée de la Suisse, pays charmant bien qu'il se répète beaucoup.

C'est Topffer qui le fait dire à un de ses élèves, Américain d'origine : « C'été toujours exactement même chose : montagne à droite, montagne à gauche, et la chémin entre deux ». Mais on pourrait aussi bien dire de la plus belle ville du monde qu'elle n'est formée, après tout, que de maisons sur deux rangs, avec la rue au milieu.

Lyon a dans Zurich un concurrent à ne pas perdre de vue. Je serais, toutefois, surpris que nos voisins pussent aborder avec succès les créations de style et même de simple fantaisie. Tant qu'ils bâtissent en ville des maisons d'habitation et des édifices de service, cela se tient dans une note des plus honnêtes. Au contraire, les environs sont semés de villas — d'ailleurs, fort cossues — mais d'un caractère bizarre, pour ne pas dire baroque.

Vendredi 9 septembre.

Partis de Zurich à 10 heures du matin, nous accostions Salzbourg dans la nuit, entre 1 heure et 2. Notre intention était d'abord de faire étape à Innsbrück. Mais il s'y tenait, nous dit-on, un congrès de médecins; les hôtels devaient être encombrés, et ce n'était point une chance à courir, de se mettre en quête d'un lit, au milieu de la nuit.

Ce serait mal à nous de médire des congrès, puisque nous-mêmes nous nous rendons à Vienne pour le IX⁰ Congrès international des Associations de la Presse.

Jusqu'à présent, le pluriel « nous » n'est représenté que par votre serviteur et un jeune Lyonnais, fils d'un ami, qui m'accompagne à titre de secrétaire honoraire. A Vienne, je trouverai mes confrères Sallès, du *Salut Public*, et Délogé, du *Progrès*, délégués comme moi par l'Association de la Presse Lyonnaise au Congrès international.

Château du Tyrol (cliché de M. Abel Piot).

Chemin faisant, nous recrutons les congressistes en provenance de Paris et de Munich. On se devine, quelquefois on se reconnaît. En ce qui me concerne, je suis abordé, à ma grande surprise, par un Portugais qui me rappelle que nous nous vîmes à Lisbonne, en 1898.

Les paysages de montagne ont tous un air de
parenté, mais chacun a une physionomie propre.
Ceux de l'Arlberg ont plus de caractère que les
paysages suisses: mais aucune culture, aucun
champ de blé, aucun bouquet de bruyère ne
rompt la note verte, constamment sur deux tons,
plus sombre sur les hauteurs boisées, plus claire
aux parties basses tout en prairie.

Il n'y a même point de troupeaux sur ces
immenses espaces où croît une herbe abondante.
Dans les parties qui ont été fauchées, le foin
sèche, non étendu sur le sol, mais entassé en
paquet sur des pieux.

Nous avons un chef de train d'humeur liante et
gaie. Comme on fait observer que le Tyrol, ainsi
vu, manque de couleur locale, il entonne, dans le
couloir de notre voiture, une tyrolienne sentimen-
tale. Les roulades du *laï tou* laissent bien à désirer,
mais nous n'avons pas le droit d'être trop difficiles,
et c'est toujours une heureuse diversion à la mono-
tonie d'un long trajet.

Notre conducteur n'est pas seulement chanteur:
c'est un cicerone. Il nous annonce au passage le
nom des sommets et nous en indique la hauteur,
il nous nomme les burgs en ruine qui couronnent
quelques crêtes et les rares villages qui dressent
leur clocher en forme de minaret.

Nos communications verbales sont nécessaire-
ment sommaires, car il entend un peu le français,
mais ne le parle pas. Nous aurons, du reste, l'occasion fréquente de constater combien est mal fon-
dée cette réputation qu'on fait aux Allemands de
posséder, pour la plupart, plusieurs langues.

**

Dans la traversée du Tyrol, les machines sont
chauffées avec de la tourbe ou du lignite. Ce com-
bustible dégage une fumée noire et lourde qui
pénètre par les vasistas. A chaque fois que le
chauffeur tisonne le foyer, c'est, en plus, une
gerbe d'étincelles qui se mêle à la fumée et
menace le visage des voyageurs.

Pour ce qui est des voitures, elles sont très
bonnes. Comme dans les chemins de fer allemands, première et seconde classes sont séparées
par une simple porte volante, dans le couloir, et
se distinguent uniquement par le nombre de
places : trois de front pour les premières, quatre
pour les secondes. De là, ce dicton qu'il n'y a que
Bismarck ou un fou pour prendre les premières.

Il est, toutefois, des voyageurs qui ne sont ni
princes ni fous et qui circulent à bon compte en
première classe. Porteurs d'un billet de seconde,
ils glissent une couronne au conducteur et s'ins-

tatlent à côté. Ceci est un préjudice pour la compagnie, mais il est une pratique préjudiciable aux aises des voyageurs : c'est l'accaparement de tout un compartiment par une ou deux personnes.

Les portes sont munies d'un verrou à l'intérieur. Il vous suffit d'arriver tôt, de pousser le verrou et de baisser les stores, les arrivants secoueront vainement une porte qui ne s'ouvrira pas et ils ne pourront même pas constater, grâce aux rideaux, si le compartiment est au complet ou non. Bien entendu, vous aurez, en entrant, passé la pièce au conducteur.

Nous avons dû, au départ d'Innsbrück, recourir au chef de gare, pour nous faire ouvrir un de ces compartiments où deux messieurs s'étaient attribué chacun une banquette pour la nuit, pendant que mon compagnon et moi quêtions vainement une place, tout le long du couloir.

Samedi 10 septembre.

Salzbourg est une jolie ville, entourée d'une ceinture de montagnes verdoyantes. On y vient de loin pour ses eaux salines et pour son air salubre et léger. Les environs de la ville sont charmants, mais le temps nous manque, et notre séjour doit se borner à une matinée.

Nous devons nous borner à un simple tour de
ville. Beaucoup de façades dans un style Louis XIV
très accusé, avec une abondance d'ornements
qu'on ne trouve nulle part en France.

Maison natale de Mozart.

Pèlerinage obligé à la maison natale de Mozart.
A la cathédrale, bâtie, nous disent les guides, sur
le modèle de Saint-Pierre de Rome, — ce dont je
ne me serais pas douté, — un service funéraire a

lieu, avec grande affluence de fonctionnaires. C'est aujourd'hui, 10 septembre, l'anniversaire de la mort de la kaiserine Elisabeth, tombée à Genève sous le couteau d'un assassin.

Une statue de la souveraine s'élève dans le voisinage de la gare : le piédestal est chargé de couronnes et bouquets.

Nous reprenons le train dans l'après-midi. Le paysage change d'aspect. Vallonné d'abord, il devient de moins en moins mouvementé quand nous pénétrons en Autriche proprement dite.

Les cultures s'étendent et la vigne apparaît. Il est assez étrange qu'on ne voie que des femmes dans les champs. Faudrait-il supposer que les hommes restent à la maison pour faire la soupe et garder les enfants ? Le féminisme serait alors beaucoup plus avancé en Autriche qu'en France. Nous trouverons bientôt à Vienne des femmes qui servent les maçons, montant la brique et le mortier : c'est la juste contre-partie des femmes-docteurs. Égalité des fonctions du bas en haut.

Nous arrivons le samedi soir dans la ville impériale. Un commissaire du congrès renseigne les arrivants dans chaque hôtel et nous fait savoir que la séance d'ouverture a lieu le lendemain, à 9 heures du matin : habit noir et cravate blanche, dit l'ordre du jour.

Dimanche 11.

Les congrès de la presse ont ceci de bon que la politique en est soigneusement exclue. Personne n'a, mieux que les journalistes, conscience des dangereux effets de ce dissolvant. Peut-être aussi se mêle-t-il un peu de scepticisme à ce renoncement volontaire.

Aux congrès antérieurs, les chefs d'État avaient toujours assisté en personne à la séance d'ouverture. A Vienne, l'empereur s'est fait représenter par l'archiduc Régnier, qui, du reste, a rempli cette fonction, en plusieurs circonstances solennelles, auprès des souverains étrangers.

Il s'est fait beaucoup de discours en langue allemande, à cette première séance. Jusqu'à présent, c'était la langue française qui dominait dans dans nos conférences internationales. La prédominance de l'allemand s'est maintenue durant toute la session.

A la vérité, sur cinq cents congressistes — exactement quatre cent nonante-huit — il se trouvait plus de deux cents délégués représentant l'élément germanique, contre un nombre à peu près égal de délégués d'origine latine. Mais, comme le faisait observer un délégué italien, tous les Latins parlent le français et une moitié au moins des Germains le comprennent. N'eût-il pas été courtois, de la part de nos confrères allemands chez qui se tenait le congrès, de ne point abuser de leur idiome, et n'y aurait-il pas eu profit pour les délibérations ?

Il paraît que cette tendance des Allemands à imposer leur langue se manifeste dans tous les congrès internationaux. Aux congrès tenus à Berlin et à Vienne, il y a quelque trente ans, nos voisins mettaient une sorte de coquetterie à éviter l'emploi de leur langue et à parler le français. Maintenant ils affectent de ne plus connaître d'autre langue que la leur. C'est à nous de l'apprendre.

La séance d'ouverture s'est tenue dans la salle des Pas-Perdus du Parlement, aménagée à cet effet. A un moment, nous sommes abordés, dans le coin où nous avions pris place, par un personnage portant un chapelet de décorations qui part de la ceinture pour remonter jusqu'à l'épaule gauche. Serait-ce un dignitaire de la suite de l'archiduc, chargé d'un message officiel pour l'un de nous ? Point. Suivi d'un quidam nanti d'un appareil photographique, le monsieur extra-décoré est le photographe de la cour, qui nous prie de faire place à son opérateur.

C'est un superbe édifice, le Parlement autrichien.
Au surplus, les belles constructions abondent dans
le voisinage.

Le Ring en est couvert sur tout le côté extérieur.
C'est le nom d'une magnifique voie, large de

Parlement.

30 à 40 mètres, établie sur l'emplacement des
anciens remparts de la ville qu'on a démolis
en 1857. Tandis qu'à Paris les boulevards se sont
immédiatement bordés de maisons de rapport,
pour la plupart d'une architecture insignifiante,
le Ring a vu s'élever une série d'édifices, d'aspect
grandiose : divers Musées et Académies, Palais
de Justice, Parlement, Université, Hôtel de Ville,
Théâtre, que met en valeur une situation à
souhait.

La caractéristique de toutes ces créations, c'est l'ampleur, non seulement des constructions, mais de leurs abords. Notre édilité lyonnaise aurait de bonnes leçons à prendre là-bas.

L'impression que l'étranger recueille d'une première promenade dans Vienne est l'impression d'une ville où la vie est bonne et la population aisée. On n'y rencontre pas de mendiant. Toutefois, il ne faudrait pas trop s'y fier. Je crois que cette aisance extérieure, comme la respectabilité des Anglais, est quelque peu de façade. Mais les rues de Vienne ont tant de gaité et d'entrain qu'on peut se faire illusion.

Il y règne, pour sûr, une activité comparable à celle des rues de Paris, avec cette différence qu'ici la foule n'a point l'air affairée. Les fiacres mêmes, attelés de chevaux fringants et lancés à toute vitesse, ont l'air d'équipages aristocratiques. Vienne est la seule ville au monde où la police soit obligée d'intervenir pour modérer la vitesse des voitures de place.

.·.

A Vienne, on mange beaucoup : si ce n'est pas la principale occupation des Viennois, — sans excepter les Viennoises — c'est au moins leur principale préoccupation.

Entrez dans un café, vers neuf heures du matin.
Vous le trouverez plein de gens qui déjeunent au
chocolat ou au café, souvent accompagné d'œufs,
de jambon ou de saucisse. Ils dîneront chez eux
à une heure. Revenez au café vers cinq ou six
heures, ce que nous appelons l'heure de l'apéritif.
Ni absinthe, ni bitter, mais nouvelles tasses
de chocolat ou de café au lait, avec petits
pains. C'est sans préjudice du souper qui aura
lieu à sept heures, et du goûter au sortir du
théâtre.

Ils sont délicieux, ces pains viennois, d'un format
mignon, à peine gros comme nos brioches de
deux sous. S'il s'en mange beaucoup aux heures
du café ou du chocolat, il s'en consomme peu aux
repas réglementaires. J'ai vu des personnes absorber quatre ou cinq platées de viande avec un seul
de ces pains minuscules.

Mais, s'ils mangent beaucoup, les Viennois ont
une singulière façon d'organiser certains banquets.
Un déjeuner était offert aujourd'hui aux congressistes, dans le Wolksgarten. Les invités se grou-
paient à leur gré par petites tables. Ils avaient
reçu un menu ne comportant pas moins de trente
articles, en hors d'œuvres, entrées et rôtis ; plus,
entremets et dessert. Mais ces bonnes choses
n'étaient pas servies. Il fallait que chaque convive

allât quérir sa portion sur une longue table où des garçons tranchaient les viandes.

Jusque là, c'était acceptable. Ce qui ne l'était plus, c'est que les tards venus et ceux à qui répugnait de donner l'assaut aux vivres ne trouvaient plus rien, les premiers arrivés s'étant servis à pleine main. Pour mon compte, je fus trop heureux de pouvoir m'emparer d'une tranche de pâté et d'accepter d'un confrère viennois, mon voisin, la moitié de son jambon.

Obtenir à boire était relativement plus facile. Des garçons distribuaient les vins portés sur la carte. Mon voisin m'ayant donné l'exemple, je glisse une couronne à l'un des servants et mon verre ne désemplit pas. On nous reproche, à nous Français, l'usage des pourboires. Au moins ne les distribuons-nous qu'après service rendu, tandis qu'en maint pays étranger, pour obtenir un service, vous devez d'abord mettre la main à la poche.

Le programme indiquait, pour l'après-midi, une promenade en voitures au Prater. Malheureusement une pluie abondante et froide est survenue. Le soir, représentation à l'Opéra : *La Chauve-Souris*, de Strauss, et un ballet, *Le Danube bleu*.

Comme la plupart des monuments, l'Opéra est une construction superbe, d'un style qui semble inspiré par notre architecture française, au

xviiie siècle, mais avec une surcharge d'ornements
qui l'alourdit. On sent, dit un de nos confrères,
que nous sommes au seuil de l'Orient. J'ajouterai
que l'on se sent bien au pays des brandebourgs.

Peu de villes possèdent un aussi grand nombre
de fontaines décoratives que Vienne. Toutes se
présentent sous une même forme d'entassement
de rochers, avec un luxe de personnages et d'attri-
buts. C'est de la pâtisserie monumentale.

Lundi 12.

Aujourd'hui le congrès a tenu deux séances. Le
soir, réception chez le président du Conseil des
ministres, M. de Kœrber, chef d'un gouvernement
qui est, contrairement à ce qui se passe ailleurs,
plus libéral que le parlement. Ici, qu'il s'agisse
d'une visite amicale ou d'une réception officielle,
la personne qui reçoit est, de par les usages, tenue
d'offrir quelque chose de solide à ses invités.
Ainsi, la présentation faite, nous passons dans le
salon qui fait suite à l'entrée, puis dans un autre,
où se tient un orchestre. Quelle n'est pas notre
surprise d'y voir des gens attablés, mangeant des
viandes froides et buvant du champagne ! Trois
salons, y compris celui où est installé le buffet,

sont ainsi occupés par des consommateurs en habit noir et en robe de soirée.

J'ai notamment remarqué une toute jeune femme qui s'était réfugiée dans le cabinet présidentiel et dévorait une tranche de roastbeef sur le bureau même du ministre.

On respirait une odeur de mangeaille et de tabac : car il y avait des fumeurs et même quelques fumeuses. C'était à se croire dans une brasserie à musique. Pour l'honneur du journalisme, il faut penser que ces dévorants appartenaient à la catégorie des invités de la ville. Connaissant les usages, ils n'avaient pas diné avant la réception et faisaient honneur à leur hôte.

Mardi 13

Ce matin, les conversations roulent naturellement sur la soirée de la veille. Toute réflexion faite, nous aurions mauvaise grâce de nous offenser des mœurs d'un pays parce qu'elles diffèrent de nos mœurs. Ce peuple est aussi policé et n'est pas moins artiste que nous : les femmes sont élégantes et gracieuses : les militaires ont une prestance et une sveltesse que les nôtres pourraient envier. Les hauts personnages appartenant à l'église, à l'armée, aux corps savants, qui se promenaient hier

dans les salons, n'avaient pas moins de dignité que
chez nous. Les facultés digestives de cette population témoignent, après tout, d'un bon estomac et
d'un esprit reposé.

Les travaux du congrès se poursuivent. Comme
ils ont pour objet des questions purement profes-
sionnelles et que le service d'informations des
journaux les ont reproduits en leurs temps, il
serait d'un médiocre intérêt d'y revenir. Conti-
nuons donc à glaner hors séance.

A midi les congressistes français étaient reçus
à déjeuner, à l'ambassade de France. Réception tout
intime, en tenue de ville, selon le désir exprimé
par l'ambassadrice, la marquise de Reverseaux.
Les dames qui avaient accompagné à Vienne leur
mari ou leur père étaient invitées.

Pour intime que soit la réception, elle n'en est
pas moins brillante. Les deux tables, de soixante
couverts chacune, sont décorées de fleurs, parmi
lesquelles des roses de France occupent la place
d'honneur ; le service est en porcelaine de Sèvres.
Nous sommes pour quelques heures, ainsi que
nous le dit l'ambassadeur, en terre française. Tout,
du reste, en témoigne, jusqu'au ton de la compagnie et à l'exquise simplicité du menu.

Les congressistes devaient savoir d'autant plus
de gré pour cette charmante réception que l'hôtel

de l'ambassade subit en ce moment une répara-
tion générale, extérieure et intérieure. Les salons
étaient déménagés, M. et Mme de Reverseaux
étaient en villégiature, et il leur a fallu, en deux
ou trois jours, mettre leur maison en état.

M. Adrien Hébrard, directeur du *Temps*, prési-
sident du groupe français, a remercié, en termes
excellents, l'ambassadrice du tact parfait, de la
grâce délicieuse, de l'amabilité charmante avec
lesquels elle accueillait ses compatriotes.

*
* *

L'après-midi, régal d'un autre genre : le théâtre
impérial du Burg nous offre une représentation du
Misanthrope, traduit en vers allemands. Pour la
première fois, j'ai regretté de ne point posséder
la langue allemande.

Du Molière en allemand, ce doit être bien
curieux ! Tout auteur perd à la traduction : *Tra-
duttore, traditore*, dit le proverbe italien. Mais il
est de nos écrivains qui semblent plus particulièrement intraduisibles ; pour en citer quelques-uns :
Montaigne, Molière, Voltaire, Musset.

Au temps jadis, quand je fréquentais le gymnase
Pugens, j'y rencontrais beaucoup de jeunes
Allemands, employés alors dans nos maisons de

banque et de commission. On n'avait point encore importé le mot de sport ; nous nous contentions de faire l'exercice. Un jour causant avec un de ces camarades d'outre-Rhin, je lui demandais son sentiment sur nos poètes classiques.

« Corneille, me disait-il, nous nous l'adaptons facilement. — Et Racine ? — C'est un peu plus difficile. — Et Molière ? — Oh ! pour comprendre Molière, il ne suffit pas de connaître à fond la langue française. Il faut avoir habité la France pendant plusieurs années. »

Le mot m'est revenu quand la musique de Wagner nous a envahis. J'estime aussi qu'il n'y a que des cerveaux allemands — ou ayant subi une forte culture allemande — pour pleinement comprendre et véritablement goûter la musique du maître de Bayreuth.

Je n'ai donc pu me faire une opinion littéraire du *Misanthrope* ainsi accommodé. Ce ne fut pour moi, et pour beaucoup d'autres, qu'une pantomime accompagnée de hiatus et de vocalises gutturales. Comment se fait-il que la langue allemande, avec le temps, n'ait pas dépouillé ces aspirations et ces rudesses qui étaient à l'origine de la plupart des langues, mais qu'elles ont abandonnées en s'affinant ? Quand les mamans de là-bas parlent à leurs enfants, elles ont toujours l'air de les gronder.

J'accorde néanmoins que la pantomime était supérieurement jouée. La troupe du Burghof est une troupe d'élite. Mais peut-être Alceste prenait-il son rôle trop au tragique : Alceste, à mon sens, est simplement un grognon. Costumes et mise en scène eussent été parfaits, si l'on n'y eût relevé quelques anachronismes : un canapé en bambou sur la scène, un chapeau Restauration sur la tête de Célimène.

*
* *

Dans les rues marchandes, les magasins sont bien tenus, la marchandise bien présentée et les vendeurs avenants. Le genre bazar ne s'est point encore emparé de la vente. Comme dans le Lyon d'autrefois, il y a des magasins qui vendent les soieries, d'autres la lingerie, les parapluies ou les gants.

Si nous nous élevons au-dessus des boutiques — du parterre, comme disent les Viennois — nous trouvons une industrie dont les membres se comptent par centaines : ce sont les dentistes. Point de rues où l'on ne relève trois ou quatre enseignes de *Zanhnarzt*. Sur la petite place qui est au-devant de l'église Saint-Etienne, j'en ai compté sept.

Il sont tous docteurs, ce qui donne à penser qu'ils exercent la médecine. Toutefois, le grand

nombre de ces praticiens ne doit pas être étranger
à ce fait que toutes les dames ont de jolies dents.

Je viens de nommer l'église Saint-Étienne. C'est
un intéressant édifice, bâti aux XIV° et XV° siècles,

Le Graben.

mais offrant, dans les parties basses de la façade,
des fragments d'art roman. Je me garderai d'en
essayer une description, pas plus que des autres
églises : cette description est faite et bien faite
dans tous les guides.

La tour du Sud, œuvre de Pilgram qui l'acheva en 1433, est la plus haute de l'Europe : elle mesure 136 mètres. On raconte que le maître avait une fille, Cécile, et un élève, Puxbaum, qui s'était épris de la jouvencelle et voulait l'épouser. Ironiquement, le maître dit à l'élève : « Construis la seconde tour et Cécile sera ta femme. »

Puxbaum se mit à l'œuvre. La tour montait à vue d'œil, et promettait d'être plus belle que la première. Le vieux Pilgram en séchait de dépit. Un matin, on le trouva mort dans son lit.

Un autre élève, ayant nom Herder, amoureux aussi de la belle Cécile et jaloux de Puxbaum, répandit le bruit que celui-ci avait conclu un pacte avec le diable et que, par l'emploi de sortilèges, il avait fait mourir maître Pilgram. Puxbaum trouve un soir son rival sur la tour en construction. Une lutte s'engage entre eux, ils perdent l'équilibre et tombent dans le vide.

Le jeune architecte réussit à s'accrocher à une saillie, tandis que Herder, la tête fracassée, est relevé, méconnaissable. C'était à n'en plus douter : Puxbaum n'avait dû son salut qu'à l'intervention du diable. Les ouvriers refusèrent de continuer le travail sous sa direction. Il disparut, sans qu'on n'entendit jamais plus parler de lui, et la tour du Nord resta inachevée.

*
* *

Le soir, réception chez le ministre des Affaires
étrangères, comte Goluchowski. Il habite un palais
bâti par Marie-Thérèse, où se tint, en 1814, le
Congrès de Vienne.

L'affluence est moins grande que chez le minis-
tre-président, les invitations, en dehors des repré-
sentants de la presse, paraissant avoir été limitées
au personnel diplomatique.

Entre congressistes les contacts commencent à
s'établir. Je suis présenté à un de nos confrères
de Buda-Pest qui me fait un séduisant tableau de
la capitale de la Hongrie. « Notre intention, lui
dis-je, est bien de la visiter. La presse magyare
organisera sans doute une réception. »

Mais lui, hochant la tête : « Les Viennois ont
pris leurs mesures pour paralyser tout projet de
notre part. » Pour étrange que semble cette asser-
tion, je n'ai pas tardé à en reconnaître le bien
fondé.

Mercredi 14.

Le Congrès continue ses travaux, à raison de
deux séances par jour. Si l'appel des cinq cents
congressistes était fait à l'ouverture des séances,

on constaterait bien des manquants. A la vérité,
les réunions du matin, affectées aux travaux des
commissions, ne sont d'un intérêt direct que pour
les rapporteurs ou pour les délégués qui ont
mandat de déposer une motion et de la faire
valoir.

J'étais allé, dès le premier jour, déposer ma
carte chez le docteur B..., bien connu des savants
qui s'occupent d'anthropologie, et dont j'avais fait
connaissance à Lyon, il y a quelque sept ans
écoulés. Le docteur qui est, au surplus, un homme
aimable et un artiste, avait été conduit par ses
travaux à étudier les tableaux des Primitifs, où se
trouvent des types de race, plus près des origines
et, par là même, plus caractérisés.

C'est à cela que je dus de l'accompagner dans
nos Musées et de jouir deux heures durant, d'une
causerie charmante et des plus instructives.
J'appris ainsi que la plupart des Primitifs que nous
attribuons à l'école de Cologne ou des Pays-Bas
sont, en réalité, des productions françaises. Tout
est venu, depuis, confirmer cette observation qui
semble d'abord paradoxale au premier chef.

Le docteur était souffrant et je ne pus que lui
serrer la main. Mais, Mlle B..., sa fille, personne
non moins aimable que son père et qui tient de
lui un grand sentiment des choses d'art, m'offrit

de remplir le rôle de *lady-guide* et de m'accompagner dans une visite à l'Académie des Beaux-Arts.

Voilà, certes, une bonne fortune, au meilleur sens du mot : voir un musée en gracieuse compagnie, conduit par un pilote qui possède les deux mille toiles exposées et vous mène tout de suite devant les meilleures d'entre les bonnes.

« Vienne est, après Rome et Florence, la plus riche ville du monde en œuvres de peinture. » Le témoignage émane d'un écrivain non suspect en la circonstance, le professeur Deutinger, de Munich, ville dont le musée est cité en premier rang.

La galerie de l'Académie des Beaux-Arts n'est pas la seule : le Musée impérial contient mille sept cents œuvres de maîtres et la Galerie Lichtenstein huit cents. On y trouve les plus grands noms des écoles de Florence, de Venise, d'Espagne, des Pays-Bas, d'Allemagne. L'école française est moins brillamment représentée, « parce que, me dit mon aimable guide, l'occasion a manqué à nos princes de s'approvisionner chez vous ».

Faut-il compter les banquets au nombre des travaux ou au nombre des plaisirs inscrits au programme d'un congrès ? Affaire d'appréciation per-

sonnelle. Au congrès de Vienne, il y en avait un
par jour.

Ce mercredi 14 septembre, c'est un dîner offert
par le bourgmestre, docteur Charles Lueger, au
Rathaus, hôtel de ville, bel et vaste édifice, récem-
ment construit dans le style gothique, et qui n'a pas
coûté moins de 30 millions de couronnes.

Le Rathaus.

Avant le dîner, visite du Musée historique de la
ville, qui occupe une huitaine de salles : antiquités,
outils et meubles du moyen-âge, coffres et ban-
nières de corporations, ornements d'église, por-
traits, vues de l'ancienne ville, reproductions de
costumes. A cette collection s'en joint une autre,

non moins importante, d'armes de toutes les
époques.

Je suis toujours frappé, quand je visite de grandes
villes à l'étranger, comme on sait y trouver de la
place. A Lyon, les institutions privées font assez
largement les choses, mais dès que ce sont les
institutions publiques qui opèrent, l'emplacement
est chichement mesuré comme un pain de belle-
mère.

L'hôtel de ville de Vienne ne renferme pas seulement tous les services municipaux, plus deux
musées et une bibliothèque : il abrite encore dans
ses sous-sols un établissement dont — je m'em-
presse de le dire — je ne regrette nullement
l'absence chez nous : le Rathauskeller, cave de
l'hôtel de ville, où se perpétue le vieil usage de la
vente des vins provenant du domaine municipal.
Mais, comme en ce pays on ne saurait boire sans
manger quelque chose, ce débit de vin est un véri-
table restaurant où, ma foi ! l'on dîne assez bien.

*
* *

Ce n'est pas, toutefois, dans la cave municipale
que nous reçoit le bourgmestre. Le banquet, de
sept cent cinquante couverts, est servi dans la salle
des Fêtes, brillamment illuminée et décorée de

fleurs. De nombreuses dames y assistent, car la
liste des dames accompagnant les congressistes
ne comporte pas moins de cent vingt noms.

Le concours, toujours croissant, de l'élément
féminin aux congrès de la Presse n'est pas sans
soulever quelques critiques. D'aucuns vont jusqu'à
prétendre que ces dames sont encombrantes ;
d'autres les jugent au moins inutiles — en tant que
collaboration générale. Le moyen de mettre tout
le monde d'accord serait de les ignorer : c'est-à-
dire de ne donner aucune place dans les réunions
aux dames qui ne font pas personnellement pro-
fession de journaliste et qui ne sont pas, à ce titre,
déléguées par une des associations adhérentes au
bureau international de la Presse.

Ce qui me gâte les banquets, ce n'est pas la pré-
sence des dames, vous le croirez sans peine. Il y
aurait, du reste, grossière ingratitude de ma part
à formuler une déclaration aussi peu galante. Car
un heureux hasard m'a donné pour voisine, au
banquet municipal, la femme du chef-rédacteur
d'un des grands journaux de Vienne, personne
d'esprit fin et enjoué, qui parle un excellent français du XVIII⁰ siècle. En vérité, je suis aujour-
d'hui un mortel favorisé.

Donc, ce qui me gâte les banquets, ce sont les
tostes. Beaucoup de personnes ne savent point

terminer un dîner sans tremper un biscuit dans leur verre. Au vieux temps, nos pères trempaient une tranche de pain rôtie ou tostée — d'où, plus tard, le nom de *bis-cuit*, deux fois cuit. Envoyer une rôtie ainsi trempée à quelqu'un des convives, c'était lui faire honneur.

Quand la rôtie fut supprimée, le nom de toste resta aux paroles prononcées en cette circonstance. Chez les Anglais, ce salut courtois s'allongea en discours. Nous avons commis la sottise de leur emprunter cet usage, en leur reprenant le mot toste que nous avions laissé tomber en désuétude et que nous écrivons à l'anglaise : *toast*. A Vienne, nous avons eu notre demi-douzaine de discours ; à cet effet, on avait sagement préparé une tribune, afin que les orateurs fussent mieux entendus.

De tous les toasts — puisqu'ainsi l'usage veut qu'on l'écrive — le plus piquant fut celui du bourg-mestre, le chef du parti anti-sémite, et qui a maintes fois accusé la presse en général d'être vendue aux juifs. Il s'en est tiré avec esprit, à en juger par les rires et les applaudissements, la seule chose qui fût dans les moyens de compréhension de ceux à qui l'allemand est étranger.

Après cette harangue, l'excellent orchestre qui avait, à plusieurs reprises, charmé les convives, attaque l'hymne autrichien, de Haydn. L'assistance l'écoute debout et de nombreuses voix en reprennent en chœur les paroles, terminant par des *Hoch ! hoch !*

Voilà ce que nous, Français, ne pouvons pas faire. De quel effet serait-ce, au milieu d'une fête — et surtout d'une fête internationale — de nous entendre crier : « Aux armes ! » et demander « qu'un sang impur abreuve nos sillons ! »

Je me suis souvent demandé comment le gouvernement français, qui commande des cantates à l'occasion des expositions universelles, n'avait point encore pensé d'ouvrir un concours pour la composition de paroles qu'on substituerait à celles de Rouget de l'Isle.

M. Singer, président du bureau international de la presse, succède au bourgmestre, et l'attention redoublé, car notre président est israélite et Viennois. Lui aussi réussit à tourner finement sa réponse et soulève de longs applaudissements. Pour ma part, je lui ferai un seul reproche, c'est de s'obstiner à parler allemand, lui qui s'exprime si bien en français, ainsi qu'il l'a montré dans les congrès antérieurs.

Puis, c'est Taunay, notre excellent secrétaire général. M. de Kœrber, président du Conseil des ministres, quelques autres et. finalement le cardinal Schmolk. archevêque de Vienne et maréchal

de la province de Basse-Autriche. Ce dernier,
comme la plupart de ceux qui l'ont précédé, a
péroré en allemand, alors qu'il eût été si naturel
qu'il portât sur toast en latin. Il y avait eu un
précédent à Rome, en 1899.

Au dessert, on distribue, à titre de souvenir, aux
convives du sexe masculin des étuis en maroquin,
garnis de cigares et cigarettes, et aux dames des
porte-cartes — porte-cartes qui sont aussi des
porte-monnaie dans un pays où la monnaie de
papier abonde. Aussi, une dame placée en face de
nous et qui paraît souffrir que son ignorance de
français l'empêche de prendre part à notre conver-
sation, m'exprime par gestes que nos porte-cigares
sont garnis, tandis qu'on a rien mis dans les porte-
monnaie.

Peut-être eût-on pu offrir à tous les convives le
même cadeau, sans distinction de sexe, car plusieurs de mes voisines ont allumé une cigarette.
C'est la première fois que je vois des dames fumer
en public.

Mes amis et moi quittons la salle où le brouhaha
des conversations et des santés échangées entre
voisins domine presque les voix de l'orchestre.

Vienne, ai-je souvent entendu dire, est la ville

musicale par excellence. « La musique, écrit un
admirateur, est pour le Viennois une passion, une
jouissance, pour l'Italien une sensation, pour le
Français une distraction, pour l'Anglais une
vanité ».

Que l'Allemand, le Viennois goûte la musique
autrement que l'Italien et le Français, c'est hors de
conteste. Mais la goûte-t-il mieux ? Il serait osé à
un passant de formuler un jugement. Nous n'avons
assisté à aucune audition musicale qui permît de
se faire une opinion même superficielle.

Certes, le pays où éclorent et mûrirent les
talents de Mozart, de Beethoven, de Haydn, de
Johann Strauss, est une terre favorable à l'art
musical. Mais je me demande si, de ces maîtres,
Strauss n'est pas celui qui personnifie le mieux
l'esprit viennois.

Je m'en suis ouvert à un Viennois avec qui nous
cheminions en regagnant notre hôtel : « Pour la
masse, m'a-t-il répondu, musique et valse sont
choses inséparables et valent l'une par l'autre. Il y
a chez nous un fond de poésie rêveuse et de sen-
sualité insouciante qui ne trouve pleinement à se
satisfaire que dans l'alliance de la musique et de la
danse. Un Allemand oublie tout lorsqu'il valse,
comme un Italien lorsqu'il chante. »

Jeudi 15.

Ce matin, séance de clôture du Congrès, et réunion privée, tenue entre délégués des Associations de presse, de Lyon, Marseille et Nancy. Il y avait à établir une entente au sujet d'une loterie devant produire une somme de 10 millions, que le gouvernement français doit prochainement autoriser au profit des Associations parisiennes possédant une organisation pour un service de pensions de retraite.

Aucun compte n'a été tenu des Associations de province, poursuivant le même but. Naturellement, car il n'est pas de capitale dont les habitants soient, au même degré que ceux de Paris, pénétrés de cette idée qu'à eux seuls ils constituent le pays. Pas davantage il n'est de pays qui se laisse, autant que le nôtre, absorber par la capitale. C'est la pleine justification du mot de Guignol :

Si Paris est si gras, c'est qu'il tette la France.

L'entente, comme bien vous pensez, fut vite établie. Loin de chercher à rogner les parts du gâteau que nos chers confrères de Paris se sont fait adjuger, nous demandons que l'émission soit majorée et que les modestes provinciaux soient admis à la distribution.

3

Après déjeuner, visite aux tombes impériales, au nombre de cent vingt, dans l'église des Capucins. Ce n'est ni la majesté de Saint-Denis, ni la poésie de Brou et d'Hautecombe.

..

Tout congrès à son banquet de clôture. D'ordinaire, il suit la séance dernière et se tient dans la ville où l'on s'est réuni. Les congressistes que leurs affaires rappellent peuvent s'associer à ces agapes finales avant de reprendre le chemin de leur logis. Le comité viennois avait ajourné au lendemain le diner traditionnel et l'avait fait préparer au Semmering, station d'été à 1.000 mètres d'altitude et à 150 kilomètres de Vienne.

Pour l'après-midi, il y avait au programme une excursion, partie en chemin de fer, partie en bateau à vapeur, à travers la Wachau, pays montagneux où coule, encaissé, le Danube, et dont les hauteurs sont décorées de ruines fort pittoresques.

Une invitation nous avait été faite d'autre part, à mon jeune compagnon ainsi qu'à moi. Un malentendu fit manquer la partie. Nous n'eûmes point à regretter ce contre temps, pas plus que l'abandon de l'excursion officielle. Il se mit à pleuvoir et les excursionnistes ne rapportèrent que des souvenirs fort brouillés de Pœchlarn, vieux burg du temps des Huns, Melk, Durenstein où Richard Cœur de Lion fut retenu prisonnier.

Donner le banquet de clôture au Semmering était peu banal, mais peu pratique ainsi que les faits l'ont démontré.

Tout d'abord, un grand nombre de congressistes ne pouvaient prolonger leur séjour. Par surcroît, la pluie était tombée toute la nuit et menaçait de ne point s'arrêter. Aussi l'effectif se trouvait-il réduit de moitié : trois cents personnes au lieu de six cents.

Pour ma part, je faisais partie des abstentionnistes. L'excursion au Semmering devait être suivie, le lendemain samedi, de l'ascension du Schafberg (1.800 mètres) ; cette promenade alpestre de deux journées par une pluie battante, avec coucher en montagne, me parut incompatible avec les rhumatismes que tout bon Lyonnais porte en soi.

Mais j'ai pu recueillir les impressions des confrères qui ont affronté le voyage. Elles sont des plus contradictoires. Rien à reprendre dans l'organisation : service par trains spéciaux et par voitures, abondance des menus, largeur de l'hospitalité ; encore n'eût-il pas fallu qu'il y eût cinquante personnes de plus. Mais le vendredi, ce fut pluie et neige continues. « On en a été réduit, me disait un confrère suisse, à manger toute la journée. »

La température a été plus favorable le samedi, ainsi que le dimanche où le retour sur Salzbourg s'effectuait par Ischl. Néanmoins, il s'est produit des désertions, en cours de route.

Vendredi 16.

J'étais désireux de connaître Buda-Pesth. Bien que 260 kilomètres séparent cette ville de Vienne, j'avais pu m'étonner que nos confrères de Hongrie ne nous eussent pas fait d'invitation. J'ai compris aujourd'hui que les Viennois avaient pris leurs mesures pour paralyser tout projet en ce sens.

On sait qu'entre l'Autriche et la Hongrie il y a plus que dualisme : c'est de l'antagonisme. Ne pouvant barrer le chemin de Buda aux congressistes, les Viennois, au dire de quelques-uns, avaient à dessein organisé le voyage au Semmering, au Schafberg, avec retour sur Salzbourg, afin que la dislocation de la caravane se faisant à 300 kilomètres à l'ouest de Vienne, personne ne fût tenté de retourner dans cette ville pour aller sur Buda, situé à l'est. C'était un trajet, aller et retour, de presque 300 lieues pour ceux qui auraient voulu

voir la capitale de la Hongrie et reprendre la route
de France et au delà.

Ayant renoncé à l'excursion du Semmering, je
me dirigeai sur Buda-Pesth, avec mon compagnon
que la promenade en montagne, en raison du
mauvais temps, avait laissé indifférent.

A une heure de Vienne, on emprunte le réseau
hongrois. Le changement de pays se fait aussitôt
sentir. Les stations sont annoncées sous leur nom
magyare, parfois assez différent du nom allemand ;
toutes les affiches sont en langue magyare.
Ailleurs, les avis aux voyageurs sont générale-
ment en plusieurs langues ; ici la défense de
fumer n'est pas même traduite en allemand.

C'est à se demander si cet isolement voulu n'est
pas contraire aux véritables intérêts de la Hongrie
et ne compromet pas l'avenir de ce pays.

Les Hongrois, comme les Turcs avec lesquels ils
ont quelque affinité d'origine, forment en Europe
un groupe fermé. Je ne sais quel humoriste a dit :
« La seule raison d'être de la Hongrie, c'est de
nous procurer l'occasion de serrer la main à des
Turcs baptisés. »

De Presbourg à Buda, le terrain se déroule
indéfiniment en plaine, à peine ondulée par
endroits. Les villages sont rares où, du moins,
sont peu visibles, et l'on éprouve une impression

de solitude immense. De loin en loin, d'imposants attelages de quatre bœufs aux longues cornes font le labour d'automne. Les parties où le sol se relève sont plantées de vignes.

A juger par ce qu'on en voit, les routes sont en un piteux état. Ce pays est pour longtemps garanti contre le fléau des automobiles.

A certaine station, où se fait le croisement des trains, — Neu Szöny? — un orchestre est installé sur le trottoir et régale les voyageurs d'un morceau de musique. Des tziganes, des musiciens en costume national! allez-vous penser. Eh bien! non, ces bonnes gens sont en jaquette ou en redingote et se coiffent du chapeau melon. Pour voir le dolman à brandebourgs, il faut venir en France.

C'est à Pesth que le chemin de fer accoste la ville de la rive gauche du Danube, qui dépasse de beaucoup en importance Buda, sis sur l'autre rive. Le fleuve se montre ici dans toute sa beauté. A Vienne, il faut le chercher. Le cours d'eau qui baigne les quais n'est qu'une portion du fleuve canalisée. En dehors de la ville, le Danube s'épand en plusieurs lits, comme le Rhône en amont de Lyon. A noter qu'ils ne sont pas plus bleus l'un que l'autre.

Samedi 17.

Pesth possède plusieurs grands et beaux édifices modernes : le Parlement et les Musées. Parmi ces derniers est la Galerie nationale, riche de huit cents toiles de maîtres. C'est l'ancienne galerie Esterhazy, achetée en 1865, au prix de 2 millions 600.000 couronnes.

Buda est relié à Pesth par quatre ponts. La vieille ville féodale dresse ses monuments sur une colline d'où l'œil jouit d'une vue magnifique.

Là s'élève le Palais-Royal, construit par Marie-Thérèse, restauré et agrandi après l'incendie de 1849, et ne contenant pas moins de huit cent soixante chambres ou salons. Non loin, l'église Saint-Mathias, édifice commencé au xiii° siècle dans le style roman et achevé en style ogival.

En somme, ville d'aspect original et intéressante à visiter. Par malchance, la température nous boude de toutes les façons. Ce matin, le thermomètre marquait + 4, et de nouvelles ondées passent dans l'après-midi. Trempée et déserte, la partie du quai François-Joseph, adossée à un jardin et garnie de chaises et bancs, où, dit le Baedeker, « les soirs d'été l'on a peine à trouver place ».

Du reste, nous n'attendrons pas le soir, désireux de revenir à Vienne pour le coucher. Au surplus, l'hospitalité qu'on pratique ici est peu attirante et frise le brigandage. Une modeste chambre d'hôtel y coûte de 9 à 10 couronnes, et j'ai vu — de mes yeux vu — un menu où les côtelettes sont taxées à 2 couronnes et le rumpsteak à 5 couronnes, en bon français 5 fr. 25 ! A Vienne, au contraire, les prix sont honnêtes.

Il ne serait pas impossible que les prétentions des hôteliers hongrois soient pour quelque chose dans la mise à l'écart de Buda-Pest, lorsque fut arrêté le programme des excursions du congrès.

Une habitude qui est commune aux deux pays, c'est de ne point porter les repas en compte. Chaque repas pris au restaurant de l'hôtel se paie sur table, et la note ne comprend que le logement et le service. Un Viennois me dit que cette coutume s'est établie à cause de la bière. Au bout d'une semaine, il y aurait des constestations inévitables, le nombre de choppes consommées par chacun étant très variable et ne pouvant aussi facilement se justifier que celui des bouteilles de vin.

Dimanche 18.

Les églises de Vienne m'ont paru très fréquentées. Même en semaine, si vous y entrez le matin, vous trouvez toujours du monde. Il y a

surtout plus d'hommes qu'en nos pays : des
militaires, des artisans ; j'ai vu, agenouillé, un gar-
çon boucher, en tablier, tenant vide à la main le
long cabas qui sert ici à porter la viande en ville.

Cette journée est la dernière que nous passerons
à Vienne. Le temps s'annonce superbe et favorisera
une excursion qui doit nous laisser le meilleur
souvenir.

A quelques kilomètres au nord de la cité
impériale, surgit une colline verdoyante dont les
flancs sont semés de rares villas et dont le sommet
porte un château de fier aspect. C'est le Kahlenberg.

Une visite au Kahlenberg est le complément
d'un voyage à Vienne. Cette demeure, autrefois
citadelle, a été, à travers les âges, le témoin du
développement de la puissance autrichienne. Là
fut la résidence des Babenberg, qui érigèrent en
duché (976) les terres reconquises sur les succes-
seurs de Charlemagne ; là s'installa Albert de
Hapsbourg, fils de Rodolphe, qui défit Ottocar,
roi de Bohème (1278) et fut le fondateur de la
maison régnante.

On se rend aisément par tramway jusqu'au pied
de la colline. Un vagon à crémaillère conduit au
sommet. Un joli chemin à travers bois s'offre au
piéton.

Cette pente ombragée était chère à Beethoven. Il venait souvent s'y reposer, et le souvenir du maître s'y perpétue par un modeste buste élevé dans un bosquet qu'il affectionnait plus particulièrement.

Monument de Beethoven. (Cliché de M. Abel Pror.)

Le château actuel fut construit par l'empereur Charles VI (1711-1740), ainsi que l'église. A certain endroit, la montagne paraît coupée à pic, dominant le Danube d'une hauteur de 260 mètres. Le spectacle est grandiose.

« Le voilà, dit un écrivain lyonnais, M. Joseph Roy, auteur d'un beau volume sur le Kahlenberg,

le voilà, roulant à nos pieds, indompté et mena-
çant. Sur la rive opposée, s'étend en amphithéâtre
cette plaine inclinée de Marchfeld, dont chaque
nom évoque un souvenir.

« Au nord, les monts de Moravie; au sud. les
petites Karpathes derrière lesquelles se cache
Presbourg; devant nous, des collines à perte de
vue, des renflements de terrain qui s'appellent
Wagram, Essling; et, dans le lointain horizon de
la Moravie, l'on croirait distinguer Brünn et
Austerlitz.

« Du Meissau au Pohlau, du Wetterling au
Ballenstein, l'observateur, armé d'une bonne lor-
gnette, peut découvrir plus de cent villes ou villages; et enfin là, à notre droite, Vienne, la ville
impériale, qui s'étale dans la buée dorée du
soleil couchant ».

Tel est le spectacle qui nous fut donné cet
après-midi. Le soir, nous partions pour Innsbruck
où le train nous déposait, entre 9 et 10 heures
du matin.

Lundi 19

Innsbruck est une ville universitaire où vien-
nent étudier les Italiens, sujets de l'empire. Il
réclament la création d'une université à Trieste,
mais tout ce qu'ils ont pu obtenir — et depuis

cette année seulement — c'est que certains cours,
à l'Université d'Innsbruck, seront faits en langue
italienne.

Il ne se parle pas moins de sept langues dans
l'empire autrichien : allemand, hongrois, tchèque,
polonais, croate, roumain, italien. Il existe des
régiments recrutés dans chaque province et commandés, m'a-t-on dit, dans leur langue natale.
Mais l'avancement des officiers se fait sur l'ensemble de l'arme : aussi, un officier est tenu de parler
au moins trois langues. L'empereur les sait toutes,
et le français en plus. Mais, ajoute mon interlocuteur, « c'est tout ce qu'il sait ».

Innsbruck possède une résidence impériale et
un musée. On s'y arrête surtout pour visiter, dans
l'église des Franciscains, le somptueux tombeau
que s'était élevé l'empereur Maximilien (1553). Le
monument, surmonté de la statue de Maximilien,
est entouré de vingt-quatre statues en bronze, de
dimensions colossales, représentant des ancêtres
de la famille impériale, parmi lesquels on est un
peu surpris de rencontrer Alphonse de Castille et
Arthur de Bretagne. Les personnages de ce cortège historique devaient servir de porte-flambeaux !

Est-ce possible qu'un homme pousse à ce point
le souci de retenir l'attention de la postérité sur le

peu qu'il fut? Par un juste retour des choses d'ici-
bas, les restes du malheureux Maximilien ne repo-
sent point dans ce monument splendide ; l'empereur fut inhumé à Wiener-Neustadt.

En reprenant le train, nous trouvons quelques-
uns des congressistes, venant de Salzbourg et
ayant pris part à l'excursion du Semmering et du
Schalberg. Leurs impressions, je l'ai dit, sont
contradictoires. Les plus enthousiastes ne sont
pas sans faire plus d'une réserve. L'un d'eux con-
clut par ce mot qui me paraît devoir être le mot
de la fin : « Un mois plutôt, et c'était parfait. »

Nos confrères se dirigent sur Paris. Nous, nous
regagnons Lyon par Zurich, le Saint-Gothard,
Côme, Milan et Turin.

Mercredi 21.

Hier, nous avons traversé le Saint-Gothard,
lancés comme des colis passifs et inconscients
dans ce tunnel, en rampes et en spirales, qui met
en communication deux natures et deux races. Au
nord, le monde germanique, au sud le monde
latin, l'un et l'autre annoncés par le nom des stations avoisinant chaque extrémité : nous laissons
Gœschenen pour saluer Airole.

Pour deux grandes heures encore, nous sommes en territoire suisse, mais c'est le ciel d'Italie, avec sa lumière épandue sur de vibrants paysages, des verdures claires et des eaux bleues. Le soleil du nord n'a point ce don d'aviver les couleurs et de les fondre en même temps dans une parfaite harmonie.

Vers 2 heures nous débarquons à Côme. Cette ville possède une église qui passe justement pour une des plus belles de l'Italie du nord. Toute en marbre, elle fut commencée en plein style ogival, à la fin du xvie siècle, mais accommodée ensuite au style de la Renaissance et couronné d'un dôme moderne.

Il s'y trouve quelques belles toiles signées de Bernardo Luini, du Guide, de Véronèse. Après une rapide visite et nous réservant d'y revenir le lendemain, nous nous dirigeons vers le port et nous nous rendons par bateau à Cernobbio, gracieux bourg assis sur la rive opposée du lac et où se tient une exposition d'horticulture.

Des fleurs, il faut le dire, nous en voyons d'aussi belles dans nos expositions, mais ce qui est incomparable, c'est cette nature éclairée par un chaud soleil à son déclin, ce décor merveilleusement agencé, ces eaux moirées de pourpre et d'argent.

Aujourd'hui, l'enchantement se renouvelle, peut-

être plus vif encore, parce que la scène est plus
vaste et que le midi l'illumine, dans toute sa
pompe. Nous nous sommes transportés de Còme
à Laveno, sur la rive orientale du lac Majeur, et,
de là, embarqués pour Intra et Pallanza.

Lac Majeur (cliché de M. Abel Piot).

Je ne m'attarderai pas à décrire le tableau. Ma
plume serait impuissante à montrer à ceux qui ne
le connaissent pas ce radieux golfe où baignent
dans l'azur les îles Borromées et n'apprendrait
rien à ceux qui l'ont parcouru.

Le soir nous couchons à Milan.

Je n'avais pas visité Milan depuis 1884, année où se tint l'Exposition nationale de Turin. La vieille ville a peu changé, mais il s'est créé tout autour une ville neuve aux voies larges, aux constructions opulentes.

On a souvent signalé des affinités entre Lyon et Milan. Autrefois même, les dialectes locaux des deux villes avaient, parait-il, un grand nombre d'expressions communes. Il est évident qu'il y a certaines ressemblances entre les deux populations, dans l'allure et la physionomie extérieure. Une personne compétente me dit qu'on peut ajouter : dans le tour d'esprit et la façon de traiter les affaires.

Lyonnais et Milanais sont des Gaulois romanisés, mais cela ne leur est point exclusivement propre. Comment expliquer ces nombreux points de ressemblance ? Comment expliquer, par exemple, que les rites des deux églises présentent des particularité semblables, alors qu'on ne leur connait aucune communauté d'origine ?

Pour de simples passants, il est au moins une constatation facile à faire. Entrez, à la première heure, dans certains cafés voisins du Dôme, et vous pourrez vous croire dans un de nos anciens cafés lyonnais où une clientèle d'habitués venait prendre le déjeûner matinal, brisant la miche traditionnelle, tout en parcourant rapidement le journal et un œil sur la pendule, échangeant quelques mots avec les voisins de table.

Par goût, je ne me laisse guère entraîner à l'ascension des monuments. Ici, j'avoue pourtant que c'est un pélerinage presque obligatoire de monter au moins jusqu'au « toit » de la cathédrale. C'est là seulement qu'on achève de voir dans ses détails ce superbe Dôme qui, pour superbe qu'il est, jouit d'une réputation un peu surfaite.

Quant aux Musées, pour les visiter autrement qu'en les traversant, il faut des loisirs qui nous manquent. Par surcroît, ne connaissant point la Chartreuse de Pavie, nous donnons à cette excursion une partie de la journée.

L'église est d'un art qui n'est pas sans accuser une parenté avec celui qui a présidé à la construction du Dôme de Milan ; mais à la Chartreuse, tout est mieux conçu et mieux ordonné. L'édifice est parfaitement harmonieux dans ses lignes et certains morceaux de sculpture, statues ou bas-reliefs sont de vrais chefs-d'œuvre.

Quel gras et plantureux pays que cette plaine de Lombardie, et comme, à la traverser, on comprend l'attrait qu'elle a, de tout temps, exercé sur

les peuples du Nord ! Pas un coin de cette terre
qui n'ait donné son nom à une bataille. Il a fallu
vingt siècles de luttes pour qu'elle appartienne
enfin à ses habitants.

Samedi 24.

Turin doit être notre dernière étape. J'ai revu
avec plaisir cette ville que j'avais visitée au temps
de ma prime jeunesse et où je séjournai une longue
semaine, il y a vingt ans.

A cette époque, l'Exposition nationale couvrait
le Jardin public et une partie des avenues qui
l'avoisinent. Il n'en reste que le Château médiéval,
construit dans le style du xvᵉ siècle, qu'on a
conservé, avec une partie du village qui l'entou-
rait. C'est une excellente restitution d'une demeure
féodale, d'après documents certains.

Que n'avons-nous conservé à Lyon quelqu'une
des constructions élevées pour l'Exposition de
1894 : par exemple, le Palais tunisien, d'un effet
si charmant sur les rives du lac !

L'emploi d'une journée et demie se trouve aisément dans cette ancienne capitale, riche en monuments et en collections d'art. Elle ne me paraît
point avoir trop déchu depuis que je la vis pour la
première fois, en 1855, alors que les Italiens trai-

taient les Piémontais de Savoyards, ne se doutant point que ces frères, quasi bàtards à leurs yeux, seraient un jour les artisans de l'unité nationale.

Le mouvement des rues et la vie extérieure se maintiennent aux yeux des visiteurs. Mais, chose singulière, Turin, bien que moins italien et plus transalpin que Milan, n'offre pas avec Lyon les mêmes affinités.

Notre dernière excursion est pour la Superga et les Capucins del Monte. Je n'ai plus trouvé dans Borgho di Po ces ateliers de canuts qu'on y voyait jadis.

Lyon. — Imp. A. STORCK & Cⁱᵉ, 8, rue de la Méditerranée.